Dieses Buch gehört:

_____

Sei lieb zu diesem Buch!

5 4 3 2 1   18 17 16 15 14
ISBN 978-3-649-61756-3

© 2014 Coppenrath Verlag GmbH & Co. KG,
Hafenweg 30, 48155 Münster

www.coppenrath.de

Mein großer Vorleseschatz zur Weihnachtszeit

Die schönsten Bilderbuchgeschichten
erzählt von Jutta Langreuter

Mit Bildern von Dorothea Ackroyd

COPPENRATH

Inhaltsverzeichnis

Das Geheimnis des Weihnachtsglöckchens

Warum das Christkind sich so freute

„Es ist wieder so weit", flüstert das Christkind. Dabei bekommt es auf einmal ganz glänzende Augen.

„Noch nicht ganz", meint der Engel Samuel.

Sie steigen die sieben Lichttreppen hinab und betreten ein riesiges Gewölbe. Hier wird all das Spielzeug aus der Himmelswerkstatt aufbewahrt. Und hier wimmelt es nur so von Engeln! Jeder Engel ist zuständig für ein bestimmtes Spielzeug.

Das Christkind geht von einem zum anderen und flüstert einem jeden
Kindernamen ins Ohr. Für diese Kinder suchen dann die Engel die schönsten
Spielsachen heraus.

Es sind viele Namen, die das Christkind seinen Engeln nennt. Und mit jedem
Namen, den es sagt, scheint das Christkind ein bisschen glücklicher zu werden.

„Woher weißt du das alles?", fragt der kleine Engel Jeremy.

„Ich kenne die Wünsche aller Kinder", erklärt das Christkind lächelnd.

Auch die Wünsche von Jule und Paul kennt das Christkind.

Die beiden essen gerade zu Mittag. Paul schaut auf seinen Adventskalender.

„Hinter dem Türchen von heute ist die Krippe mit dem Jesuskind, Maria und Josef, dem Esel und dem Ochsen. Die sieht aus wie unsere Krippe aus Holz, die immer unter dem Weihnachtsbaum steht!", ruft er.

„Schau mal, Mama", sagt Jule wenig später, „warum ist denn genauso ein Bild wie bei Paul heute auch hinter meinem Adventstürchen?"

„Weil wir an Weihnachten die Geburt des Christkinds feiern. Es hat uns Menschen Liebe und Frieden gebracht", erklärt Mama, „aber das hab ich euch doch schon erzählt! Und heute, am Heiligen Abend, bringt euch das Christkind Geschenke zum Zeichen, dass es an jedes einzelne Kind ganz lieb denkt."

„Ob ich wohl ein neues Spiel bekomme?", überlegt Paul. „Und einen Fußball…"

„Und ich ein Kasperltheater", sagt Jule, „und eine Puppe?"

„Du hast doch schon Puppen", meint Paul.

„Aber ich will eine Puppe, die die Augen auf- und zumacht!", ruft Jule.

„Jetzt ist Mittagsschlaf", unterbricht sie Mama.

Aber Jule und Paul können nicht schlafen!

Paul hat eine Idee: „Das Christkind hat doch vielleicht Tiere dabei.
Denen legen wir was zu fressen nach draußen!"

„Au ja!", ruft Jule und sie schleichen in die Küche.

„Hier, Salatblätter", flüstert Jule, „das fressen die Tiere bestimmt."

„Und Karotten", meint Paul.

„Falls das Christkind Hasen dabeihat", kichert Jule.

„Und von den Plätzchen, die wir mit Mama gebacken haben", bestimmt Paul.

„Plätzchen für die Tiere?" Jule kichert wieder.

Draußen legen sie alles in den Schnee.

„Ach, wir haben das Bild fürs Christkind ja noch nicht zu Ende gemalt", fällt Jule
ein. „Wir wollten doch noch Silbersternchen draufkleben!"

„Stimmt!", meint Paul und schnell laufen sie wieder in ihr Zimmer.

„Wo sind denn die Sternchen?", fragt Jule. „Du hast sie zuletzt gehabt."

Paul kramt in seinen Schubladen. „Hier sind sie nicht. Du hast sie!"

„Na, hör mal", sagt Jule empört, „nur, weil du sie nicht in deiner Schlamper-
kommode findest, soll ich sie haben?!"

„Wir legen dem Christkind das Bild so hin", meint Paul.

„Nein, nur mit den herrlichen Glitzersternchen!", bestimmt Jule. „Da! Da ist ja
schon mal eins!"

Nach und nach finden sie die Silbersternchen in Pauls Sachen verstreut, kleben
sie auf das Bild und legen es vor das Weihnachtszimmer.

Oben im Himmel sind die kleinen Engel endlich so weit. Alles ist fertig. Die Spielsachen und Naschereien sind in viele rote Säckchen mit goldenen Sternen gefüllt und Knut wartet schon am Himmelstor, um alles zu tragen. Der Engel Samuel steht da und grübelt. „Etwas fehlt", sagt er. „Was ist es nur? Ach ja, jetzt weiß ich's: das Glöckchen!"

„Ja, ohne das geht es nicht", sagt das Christkind. Denn mit dem Glöckchen läutet das Christkind die Bescherung der Kinder ein, unten auf der Erde, in jedem Haus, wenn die Geschenke unter dem Weihnachtsbaum liegen.

Wo ist nur das Glöckchen? Die Engel öffnen jedes Säckchen und suchen. Sie suchen in den Holzautos, in den Spielen, in den Puppenhäusern, in den Kaufmannsläden, in den Kartons, in den Puppenkleidern und in den Schlittschuhstiefeln.

„Da ist das Glöckchen nicht", sagt das Christkind
nachdenklich und schaut besorgt zur Erde hinab,
denn es ist schon spät.
Einige Engel machen die Säckchen mit den Süßigkeiten auf.
„Nein, da ist das Glöckchen auch nicht", sagt das Christkind.
„Wo ist es denn?", fragt der Engel Jesaia.
„Einer von euch hat's", überlegt das Christkind. Da schauen sich alle an.

Aber das Christkind geht schon schmunzelnd in die Himmelswerkstatt zurück und da liegt der kleine Engel Jeremy mitten auf dem Wolkenboden und spielt mit einer Eisenbahn – und auf einem Waggon steht das Glöckchen!

„Ja – also!", ruft der Engel Samuel.

„Nicht schimpfen!", unterbricht ihn das Christkind. „Es ist doch Weihnachten! Jeremy, weißt du denn nicht, wozu ich das Glöckchen brauche?"

„N…nein", stammelt Jeremy.

„Dann kommst du heute mit zu den Kindern auf die Erde", bestimmt das Christkind.

„Jetzt ist es aber wirklich sehr spät geworden",
seufzt Samuel, „es ist ja schon fast dunkel! Und der
Weg zu den Menschen ist so lang!"
„Dann gehen wir heute mal nicht durch den Wald", sagt das Christkind, „der Stern
von Bethlehem wird uns zur Erde bringen, mein Geburtsstern!"
Es tritt vor das Himmelstor und beginnt, mit glockenheller Stimme zu singen.
Da wird der Himmel auf einmal überall glitzergolden und in der Ferne ist der Stern
von Bethlehem zu sehen.

Am Himmelstor macht der Stern halt. Das Christkind und die Engel Samuel und Jeremy setzen sich auf seinen funkelnden Kometenschweif und auch Knut und die Säcke mit den Geschenken haben Platz.

Der Stern fühlt sich ganz warm an. „Das ist wie ein schöner Traum", denkt der kleine Engel Jeremy. Wieder beginnt das Christkind, mit seiner hellen und klaren Stimme zu singen, und der Stern fliegt mit ihnen davon. Dabei hinterlässt er ein breites Band voll Glitzerstaub. Alle Wolken, an denen sie vorbeikommen, beginnen zu strahlen, und der Engel Jeremy fühlt, wie dieses herrliche Leuchten auch sein Herz erfüllt.

Auf einmal hört das Christkind auf zu singen. Daraufhin neigt sich der Stern der Erde zu und landet Funken sprühend hinter dem Wald, dicht über dem Schnee. „Jeder dieser Funken soll als Weihnachtsstern auf den Christbäumen der Menschen sitzen", beschließt das Christkind.

Jule und Paul können es inzwischen kaum noch erwarten. Wenn sie nur
wüssten, dass das Christkind schon unterwegs ist!
Papa schaut zur Tür herein: „Na, malt ihr was?"
„Haben wir schon", sagt Paul, „jetzt warten wir aufs Christkind."
Jule schaut Paul von der Seite an. Sie fühlt etwas Feierliches in ihrem Herzen.
„Schön, dass Paul mit mir auf das Christkind wartet und nicht irgendeinen
Quatsch macht", denkt sie. „Schön, dass Paul mein Bruder ist."

Das Christkind ist schon fast angekommen. „Gleich sind wir beim ersten Haus! Nur noch über diesen Hügel da!", ruft es. „Dort wohnen Jule und Paul."

24

Da wird Knut von etwas abgelenkt und bleibt einfach neben dem Haus stehen. „Was ist denn los? Ach, schaut, die Kinder haben Knut allerlei zu Fressen in den Schnee gelegt!" Das Christkind muss lachen. „Auch Plätzchen – probiert mal!"

Von dem kleinen Picknick im Schnee haben Jule und Paul nichts mitbekommen. Doch als die beiden das Fenster öffnen und ein kalter Wind ins Zimmer weht, können sie trotzdem etwas entdecken.

„Da war doch gerade so ein Leuchten", flüstert Paul. „Hörst du auch das Knirschen im Schnee?" Aufgeregt beugen sie sich aus dem Fenster.

„Schau, die Tiere haben ganz viel gefressen", wispert Jule, „und – hast du das gehört? War da nicht gerade eine helle Stimme?"

Leise, ganz leise gehen sie die Treppe hinunter, den Flur entlang. Vor dem Wohnzimmer bleiben sie stehen und lauschen.

„Hörst du was?", fragt Paul.

„Ja, ein Rascheln", wispert Jule. „Das Christkind ist da! Hinter der Tür! Fühl mal, wie mein Herz klopft!"

Im Wohnzimmer verteilen die Engel gerade die Geschenke um den herrlich geschmückten Weihnachtsbaum.

„Macht das Spaß!", flüstert der kleine Engel Jeremy und lässt – vielleicht weil er so begeistert ist – das Glöckchen fallen. „Klingeling", macht es beim Hinabfallen und noch einmal „klingeling", ganz fein, als es auf den Boden trifft!

„Psst – noch nicht läuten!", wispert Samuel. „Die Äpfel und die Schokolade fehlen doch noch!"

Zu spät! Das Christkind gibt den Engeln ein Zeichen – sie müssen sich schnell verstecken, denn sie dürfen nicht gesehen werden!

28

„Ich halt's nicht mehr aus", sagt Paul im selben Moment. „Jetzt, wo das
Glöckchen geläutet hat, dürfen wir doch hineingehen!"
„Ich freu mich so", flüstert Jule und macht vorsichtig die Tür auf...
Frohe Weihnachten!

Das Weihnachtsfest im Winterwald

„Hallo, wo seid ihr denn alle?" Atemlos von dem Weg aus dem Dorf kommt die Kirchenmaus Ella im Wald an.

Sofort läuft der dicke Fuchs Frisbi herbei, denn Ella hat immer so viel Interessantes aus dem Dorf zu erzählen, wenn sie ihre Cousine, die Waldmaus Lena, besucht.

Lena will Ella entgegenlaufen, aber als sie den Fuchs sieht, kehrt sie sofort wieder um. Auch der Dachsjunge Rolf bleibt mit zitternden Barthaaren in sicherer Entfernung stehen.

Ängstlich zum Fuchs hinschnuppernd, schaut der Hase Moppel aus seinem Bau.
„So geht es ja nicht!", ruft die Kirchenmaus Ella. „Heute ist Weihnachten, da tun sich die Tiere doch nichts!"
„Was ist Weihnachten?", fragt Frisbi.
„Ja, Weihnachten ist …", fängt Ella an. „Heute ist alles anders im Dorf, die Türen und Fenster der Häuser sind schön geschmückt, so viele Lichter … Ich habe gesehen, wie schon heute Morgen die Kirche ganz voll mit Besuchern war. Der Pfarrer hat gemeint, Weihnachten ist das Fest, bei dem sich alle vertragen. Die Leute sagen: ‚Das Christkind kommt!' Und Geschenke gibt es auch."

Moppel wagt sich aus seinem Bau: „Ich will das Christkind sehen!"

„Und ich will sehen, was so anders ist", sagt der Fuchs, der schon einmal nachts ins Dorf geschlichen ist. „Wie ist denn alles geschmückt?"

„Mit Tannenzweigen, mit leuchtenden Kugeln …", zählt Ella auf. „Wisst ihr was? Schaut es euch doch einfach selbst an! Ich zeig's euch, das macht mir Spaß! Wer will alles mitkommen?"

„Ich!", ruft Moppel.

„Ich", sagt der Fuchs.

„Und ihr beide?", fragt Ella und schaut ihre Cousine Lena und den Dachs Rolf an.

„Wir warten hier auf euch", sagen die beiden.

„Muss ich keine Angst vor dir haben?", überlegt Moppel und schaut Frisbi an.

Frisbi überlegt einen Moment. „Nein, brauchst du nicht", sagt er dann.

„Weil Weihnachten ist", meint Ella.

„Iss dich aber lieber erst an deinen Pflaumen satt, Frisbi", bestimmt Moppel.

Der Fuchs kommt mit getrockneten
Pflaumen aus seinem Bau und gibt auch
den anderen davon ab. Dann machen sich Ella,
Moppel und Frisbi auf den Weg. Fuchs Frisbi ist ganz
friedlich und wohlig ums Herz. Und Hase Moppel
und Maus Ella auch. Trotz der klirrenden Kälte ist ihnen warm.
Sie laufen durch den Wald. Die Kronen der hohen Bäume bewegen
sich leise im kühlen Wind. Überall liegt Raureif: auf den Ästen,
den Büschen und selbst in den braunen Ackerfurchen.

Schon sieht man von Weitem die Kirchturmspitze
des Dorfs. Werden sie das Christkind treffen? Werden sie sich
in der einbrechenden Dämmerung vor den Menschen verstecken können?
„Hier über den Fluss", ruft Ella, „da geht's schneller! Er ist zugefroren."
Dort sind auch schon die ersten Häuser. Gelbes warmes Licht scheint
aus manchen Fenstern, in den Zimmern können sie Tannenbäume
erkennen. Ella hatte recht. Alles sieht so friedlich aus.

Als Moppel die ersten Menschen im Dorf sieht, fängt er ein bisschen an
zu zittern. Und noch mehr, als ein großer Hund auf sie zukommt.
„Geht mit ihm", sagt Ella, „ich komme später wieder."
„Hallo, ich heiße Hubertus", begrüßt sie der Hund, und eigentlich sieht er
lieb aus, sodass sich Moppel schnell wieder beruhigt.
„Können wir das Christkind bei euch sehen?", flüstert er.
„Davon wird viel gesprochen",
sagt Hubertus. „Kommt erst mal mit
zu unserem Dorfplatz."

Mitten auf dem Dorfplatz steht ein
wunderschöner riesiger Tannenbaum.
„Der ist sonst nicht da ...", erklärt
Hubertus.
Überall an dem Baum sind Lichter
und schöne bunte Kugeln in den
Zweigen und rote Bänder und Silber-
und Goldfäden funkeln in den Ästen.
Moppel und Frisbi staunen!
Auf einmal ducken sie sich: Ein ge-
waltiges Schwingen ist in der Luft, ein
weithin hallender, klarer wunderbarer
Klang lässt sie für eine Weile ganz
still werden.
„Das sind die Kirchenglocken, die
läuten", sagt Hubertus, „die rufen die
Menschen, damit sie in die Kirche
gehen. Das dort ist die Kirche."
„Ist in der Kirche das Christkind?", fragt
Moppel gespannt.
Hubertus runzelt seine Hundestirn.
„Ich weiß es nicht", sagt er.
„Vielleicht."

Frisbi deutet mit der Schnauze hinter sich: „Schaut mal!"

In einer Kiste liegen noch viele Glitzer- und Schmuckbänder.

„Das ist übrig geblieben", erklärt Hubertus.

„Wollen wir das mitnehmen?", überlegt Moppel. „Mit zu den anderen
Tieren im Wald?"

„Ja, feiert ihr im Wald denn auch Weihnachten?", fragt der Hund Hubertus.

Der Hase Moppel und der Fuchs Frisbi schauen sich an.

„Wollen wir?", fragt Moppel.

„Klar!" Frisbi freut sich schon darauf.

„Ich helfe euch bis zum Waldrand tragen", schlägt Hubertus vor.

„Wo Ella nur bleibt?", wundert sich Moppel.

Zusammen suchen sie unterwegs noch einen Tannenbaum aus.

Und so kommt es, dass mitten im Wald auf einmal ein wunderschön
geschmückter Weihnachtsbaum steht.

Und während es anfängt zu schneien, kommen immer mehr Waldtiere
staunend herbei: das Wildschwein Bertha, das Eichhörnchen Emily, der Rabe
Romeo, das Murmeltier Jule – auch der große Bär Balthasar kommt herangetapst.

Und natürlich der Dachsjunge Rolf und die Waldmaus Lena.

„Ich denke, du machst Winterschlaf", piepst Lena und gibt Balthasar einen
kleinen Stupser auf die Nase.

„Ich kann überhaupt nicht schlafen", grummelt der Bär und schaut die
Bäume hinauf, „irgendwas liegt in der Luft – ich weiß nicht was."

Die Eule Erika flattert herbei. „Der Förster kommt!", flüstert sie.

Blitzschnell verstecken sich die Tiere im Gebüsch.

Die Stiefel des Försters knarzen im Schnee, sein Enkel Lukas ist bei ihm.

50

Auf einmal stellen sich die Ohren aller Waldtiere auf: Ist da nicht eine
ganz feine, zarte Musik in der Luft?
Lukas scheint sie auch zu hören, denn er bleibt stehen.
Und plötzlich ist es, als ob tausend Sterne auf einmal zu leuchten anfangen,
und der Wald wird ganz hell.

Verwundert sehen die Tiere eine Lichtgestalt – die lächelt und macht eine
Handbewegung, als würde sie alle Tiere und auch Lukas sanft streicheln.
Und dann ist die Gestalt plötzlich wieder verschwunden, aber das Leuchten
an dem Platz, wo sie stand, bleibt noch lange.

Wie von ferne hören Lukas und die Tiere den Förster „Lukas!" rufen.

„Opa", ruft Lukas zurück, „ich habe gerade das Christkind gesehen!"

„Ja – zu Weihnachten kommt das Christkind", schmunzelt der Förster im Weitergehen.

„Das also war das Christkind", flüstert Moppel Frisbi ins Ohr, „wie herrlich! Und sieh mal!"

Dort, wo das Christkind stand, ist der Schnee über und über mit Silber- und Goldstaub bedeckt.

Die Tiere staunen. Dann schauen sie sich an: Da ist sie – die Liebe aller Menschen und Tiere zueinander. Sie spüren sie genau.

„Kommt mal her", ruft das Wildschwein Bertha, „und seht,
was der Förster für uns zum Fressen dagelassen hat:
Heu, Karotten, Nüsse und sogar Äpfel!"
Moppel zwinkert Frisbi zu. „War das wirklich der Förster?"
„Oder das Christkind?", lächelt Frisbi.
„Wir sind auch beschenkt worden!", ruft Moppel. „Wie die Menschen!"
Und was ist das? Da kommt eine silbern leuchtende Kugel
durch den Schnee, als ob sie Beine hätte! Es ist die Kirchenmaus.
Sie hat die Kugel den langen Weg vom Dorf bis hierher geschleppt.
„Und jetzt feiern wir", ruft Frisbi, der Fuchs, „das Weihnachten der Tiere!"

Drei **Engel** und die erste Weihnacht

Im Himmel ist ganz schön was los.

„Hab ich's mir doch gedacht, dass ihr den Eimer mit dem Sternenstaub habt", sagt der große Engel Nathan zu den drei kleinen Engeln Uriel, David und Johannes.

„Den brauchen wir, den Glitzerstaub wollen wir auf die Wolken streuen", antwortet Uriel.

„Ach, ihr habt doch immer nur Unsinn im Kopf!", lacht Nathan. „Was für eine Verschwendung! Wir großen Engel brauchen den Sternenstaub für etwas Wichtiges. Seht ihr denn nicht, was hier los ist? Wir bereiten in diesem Jahr alles für ein ganz besonderes Fest vor!"

„Wir wollen euch helfen!", ruft Engel David.

„So klein sind wir auch nicht mehr", sagt Johannes.

„Na, dann kommt mal mit, ihr drei", meint Nathan und bringt sie zu den anderen Engeln.

„Diese Rasselbande hier will mithelfen", verkündet er.

„Oh nein", rufen die anderen Engel, „die drei stellen doch nur Unfug an!"

„Erst vor Kurzem haben sie die Sonnenstrahlen mit dem goldenen Teller von Erzengel Michael so umgelenkt, dass wir alle geblendet waren", erzählt ein Engel. Ein anderer nickt. „Und den blauen Mantel von Petrus, den haben sie so in seine Sessellehne geklemmt, dass er gar nicht mehr aufstehen konnte."

Die großen Engel schauen schnell zu Boden, weil sie sonst vor Lachen losgeprustet hätten.

Auch die kleinen Engel schauen zu Boden, aber weil sie traurig sind.

Dürfen sie jetzt doch nicht helfen?

Da winkt der Erzengel Michael sie herbei. Gemeinsam schauen sie durch das Himmelsfernrohr.

„Seht ihr die drei Männer vor der Herberge dort unten?", fragt der Erzengel. „Das sind die drei Könige Kaspar, Melchior und Balthasar. Sie kommen aus verschiedenen Ländern, aber alle drei haben sie dasselbe Ziel. Nun haben sie sich getroffen, um gemeinsam loszuziehen. Und auf diesem Weg sollt ihr sie beschützen. Mehr darf ich euch jetzt noch nicht verraten."

„Das machen wir, das können wir!", rufen die kleinen Engel mit leuchtenden Augen und klatschen in die Hände.

„Es wird keine leichte Aufgabe sein, aber ich bin mir sicher, dass ihr es schafft", sagt der Erzengel Michael und lächelt Uriel, David und Johannes aufmunternd zu.

In diesem Moment deutet Kaspar, einer der drei Könige, zum Himmel:

„Da ist er wieder – der Stern, der uns den Weg zeigen wird!"

„Dieser Stern ist so prächtig, so schön!", ruft König Melchior.

„Lasst uns aufbrechen, holt eure Kamele", beschließt König Balthasar.

„Wir müssen dort lang, durch die Wüste."

Voller Vorfreude folgen sie dem Stern. Noch ist er weit weg. Aber die Könige wissen: Wenn er genau über ihnen steht, werden sie etwas Wunderbares sehen.

Doch der Weg ist lang, gefährlich und voller Hindernisse, und es ist gut, dass – für sie unsichtbar – die drei kleinen Engel Uriel, David und Johannes bei ihnen sind.

„Was ist denn das?", sagt auf einmal König Melchior.

Sand peitscht den Königen ins Gesicht, die Kamele bleiben stehen.

„Ich seh nichts mehr!", ruft Kaspar.

„Ein Sandsturm!", schreit Balthasar.

„Wir müssen helfen", sagt der kleine Engel Uriel und bläst seine Backen ganz dick auf. Die beiden anderen Engel machen es genauso. Es klappt! Nach und nach pusten sie den Sandsturm weit, weit fort!

Der Weg ist wieder frei. Aber das Kamel von König Kaspar weigert sich, auch nur einen Schritt zu gehen.

Da summt David dem Kamel eins der Lieder ins Ohr, die sie im Himmel immer singen, und es trabt weiter.

Am Abend ruhen sich die drei Könige neben einem
Kaktus aus. Da schleicht sich unbemerkt eine große Löwin von
hinten an König Balthasar heran.
„He, aufpassen!", ruft David den anderen beiden Engeln zu.
„Lasst mich das machen", sagt Johannes.
Er fliegt zu der Löwin und krault sie mit seinen zarten kleinen Engelfingern ganz
lieb unter dem Kinn. Die Löwin schnurrt zufrieden. Dann kehrt sie um und ver-
schwindet wieder.

„Puh, gerade noch mal gut gegangen!", stöhnt Uriel.

„Ganz schön anstrengend, unser Auftrag", seufzt Johannes.

„Warum, glaubt ihr, sollen wir die drei auf ihrem Weg beschützen?"

„Weil sie besondere Männer sind", flüstert Johannes. „In ihrem Gepäck sind ganz wunderbare Sachen. Ich glaube, das sind schöne Geschenke für jemanden."

„Sie haben Myrrhe dabei. Das ist ein Kraut, um Krankheiten zu heilen", überlegt Uriel. „Und Weihrauch haben sie auch. Manche Menschen stellen beim Beten ein Gefäß mit duftendem Weihrauch neben sich ..."

„Das bringen sie vielleicht einem Priester mit", überlegt David.

„Sogar Gold ist in ihrem Gepäck – Gold ist das Geschenk für einen König", flüstert Johannes.

Früh am nächsten Morgen machen sich die Könige wieder auf den Weg.

„Ich habe geträumt, drei Engel würden auf uns aufpassen", sagt Balthasar.

„Unglaublich, ich hatte denselben Traum!", ruft Kaspar und schaut Melchior an.

„Und du?"

„Genau dasselbe", wundert sich Melchior.

Da blicken sich die Könige freudig an und Uriel, David und Johannes sind sehr glücklich.

Den ganzen Tag haben die Engel damit zu tun, Wolken am Himmel wegzuschieben, damit die Könige den Stern sehen können, der auch am Tageshimmel groß und blassweiß leuchtet und der ihnen den Weg weist.

Langsam wird es dunkel. Der Stern strahlt hell und klar zur Erde hinab. Plötzlich bleibt er stehen. Was hat das zu bedeuten?

Der Engel Johannes fliegt voraus, um nachzusehen. Atemlos kommt er zurück.

„Stellt euch vor, einer der großen Engel redet mit Hirten auf dem Feld! Und wisst ihr, was er zu ihnen gesagt hat? ‚Ich verkünde euch eine große Freude. Heute ist in der Stadt Bethlehem Gottes Sohn geboren, der die ganze Welt erlösen wird.‘ Ja, das hat der Engel gesagt!"

78

„Wir sind jetzt fast unter dem Stern", ruft König Melchior auf einmal, „seht,
er steht direkt über diesem Stall dort!"
Erwartungsvoll reiten die drei Könige weiter und genauso erwartungsvoll
fliegen die kleinen Engel mit.

Aus dem Stall leuchtet ein warmer Lichtschein.

Vorsichtig öffnet Balthasar die Tür.

Im Stall sehen sie eine Frau und einen Mann, dahinter einen Ochsen und einen Esel. Mitten zwischen ihnen ist eine Krippe und in dieser Krippe liegt ein ganz kleines Kind!

Das Lächeln dieses Kindes spiegelt sich in den Gesichtern all der Menschen, die um die Krippe herumstehen, wider.

„Wir sind angekommen", sagt Kaspar.

„Da ist er", lächelt Melchior und schaut auf das Kind.

„Der König aller Könige", flüstert Balthasar.

Als die drei Engel das Kind anschauen, wird ihnen das Herz ganz weit!

„Habt ihr das gesehen? Diesem Kind geben die Könige ihre Geschenke – es ist ein ganz besonderes Kind!"

Auf einmal ist der Erzengel Michael neben ihnen.
„Ihr habt eure Sache sehr gut gemacht", lobt er,
„ihr habt die drei Könige auf ihrem Weg beschützt.
Sie sind gekommen, um mit uns allen das Kind
in der Krippe zu feiern: Es ist das Christkind,
das heute geboren wurde!"

Der kleine Engel
Raphael

Schneeflocken rieseln leise vom Himmel und glitzern im Schein der Straßenlaterne.
So kurz vor Weihnachten wird es früh dunkel.

„Hoffentlich schneit mein Wunschzettel nicht ein!", denkt Christian. Vor ihm auf
dem Fensterbrett unter einem Stein liegt er, in einem roten Briefumschlag mit
goldenen Sternen drauf. Auf seinen Wunschzettel hat er nur einen einzigen
Wunsch geschrieben: ein Segelschiff!

Auf einmal sieht Christian etwas – etwas sehr Seltsames: einen hellen leuchtenden
Fleck, der immer näher kommt. Was ist das bloß?

Ganz ruhig bleibt Christian stehen und starrt in die Dunkelheit. Das ist doch …
Ja, tatsächlich! Christian erkennt einen kleinen Engel mit einem Rucksack und
einer glitzernden Sternenmütze auf dem Kopf. Ganz deutlich erkennt er ihn.

Der kleine Engel kommt ganz nah an das Fenster herangeflogen. Als er angekommen ist, rollt er den Stein zur Seite, mit dem Christian seinen Wunschzettel auf dem Fensterbrett beschwert hat, und steckt den Briefumschlag mit dem Wunschzettel in seinen Rucksack. Christian wagt kaum zu atmen. Mucksmäuschenstill beobachtet er den kleinen Engel. Plötzlich schaut der Engel durchs Fenster, direkt in Christians Gesicht – und zuckt erschrocken zusammen.

Aber dann lächelt er und legt den Finger auf seinen Mund. Mit einem Mal spürt Christian eine angenehme Wärme, seine Augen strahlen und er fühlt sich so glücklich wie noch nie.

„Ein Engel! Ich habe einen echten Engel gesehen", denkt er, „und er mich!" Ist das ein wunderschönes Geheimnis!

Raphael, der kleine Engel, grinst verschämt. Das ist ihm ja noch nie passiert! Während seiner ganzen Zeit als Briefträgerengel hat ihn noch kein einziges Menschenkind gesehen. Noch nie! Und niemand darf davon erfahren, sonst gibt es Ärger!

„Das bleibt ein Geheimnis", flüstert Raphael, schnürt seinen Rucksack ganz fest zu und fliegt davon, zurück in den Himmel.

Christian sitzt noch immer wie gebannt am Fenster. „Oh, wenn ich einmal sehen könnte, wie es in der Adventszeit dort oben im Himmel zugeht", denkt er. Im Himmel ist jetzt sicher viel los. Erst gestern haben die Engel Plätzchen gebacken. Der Himmel war ja ganz rot! Bestimmt gibt es eine riesige Werkstatt, in der all das Spielzeug gemacht wird, das sich die Kinder zu Weihnachten wünschen! Und so ist es auch …

Jonas, der kleine Handwerkerengel, stanzt gerade das Blech für ein großes Spielzeugauto aus. Auf einmal steht Engel Jesaia vor ihm.

„Ein Puppenarm ist kaputtgegangen, ich brauche Kleber", sagt Jesaia. „Hier in eurer Halle dröhnt es aber laut!"

„Ja, hier jaulen die Bohrmaschinen, hier wird gehämmert und gesägt", lacht Handwerkerengel Josua, der gerade vorbeikommt.

Jonas holt eine Tube Kleber und drückt sie Jesaia in die Hand.

„Dürfen wir mitkommen und uns anschauen, was ihr in der Puppenwerkstatt macht?", fragt Josua.

Sie kommen an der Himmelsbäckerei vorbei, wo gerade
mehrere Bäckerengelchen Zimtsterne, Schokoladenkringel
und Lebkuchen von den Backblechen schieben. Bäckerengel Jakob
nimmt von jedem Blech ein paar Kostproben und gibt sie Jesaia, Jonas
und Josua. Hmmh, schmecken die gut!
„Wo geht ihr hin?", fragt Jakob. „Ich will mit!"

In der Puppen- und Schmusetierwerkstatt
stopfen gerade einige Engel Silberwatte in
Teddybären, Stoffelefanten und langmähnige
Löwen. Andere ziehen den Puppen Kleider an.
„Hier werden die feinen Sachen gemacht",
lacht Jonas, „während wir Handwerkerengel
in der Werkstatt ganz schön hart
arbeiten müssen!"

„Ja, wir stanzen, sägen und feilen immerzu", sagt Josua.

„Wie gern würde ich mal Puppenhaare flechten, Melodien für die Spiel-
dosen aussuchen oder Wimpern auf die Stofftiere nähen", seufzt er,
während er den kaputten Puppenarm, an dem Jesaia gearbeitet hat,
wieder zusammenklebt.

„Aber das ist doch ganz leicht zu ändern", sagt Bäckerengel Jakob.

Jonas nickt zustimmend. „Auch Johannes hat mir gerade gestern gesagt,
dass er so gerne mal ein Bilderbuch für die Kinder malen würde."
Johannes ist einer der Buchhalterengel, die von allen bewundert
werden. Sie können nämlich rechnen. Sie rechnen zum Beispiel aus, wie
viel Holz für Kaufläden, wie viel Farbe für Autos und wie viel Blech für
Eisenbahnen gebraucht wird. Und wie viele Puppen- und Stofftieraugen!
Inzwischen hat sich eine kleine Gruppe von Engeln um die vier ver-
sammelt, und jeder erzählt, was er am liebsten tun würde.

„Sie sind da!", ruft Engel Jeremi plötzlich
und alle schauen zum großen Himmelstor.
Dort kommt gerade ein ganzer Schwung
Briefträgerengel herein. Sie tragen Rucksäcke
voll mit Wunschzetteln, die sie unten auf der
Erde eingesammelt haben. Und glitzernde
Sternenmützen, weil es da unten so kalt ist.
„Zeigt!", rufen die anderen und scharen sich
um die kleinen Briefträger.

Einer der Briefträgerengel macht die Briefe mit den Wunschzetteln auf, ein anderer liest sie vor und ein dritter macht eine Liste.

„Hier – ein Ritterschwert, ein Kaufladen, viel Schokolade!"

„Hier – ein Memo-Spiel, eine Gartenschaukel – was, im Winter? Na ja, und eine Puppe mit roten Zöpfen und einem grünen Kleid."

„Hier – ein Bodenpuzzle, ein Dreirad, ein Fernlenkauto, ein Zauberkasten."

„Hier – ein Kuschelteddy. Mehr nicht – ach ja, das ist ein ganz liebes kleines Mädchen, da denken wir uns noch etwas anderes aus."

„Hier – ein Segelschiff … Wo ist denn die Adresse dazu? Wer hat denn vergessen, die aufzuschreiben? Wo soll das hin, das Segelschiff?"

„Ich … ich weiß noch genau, auf welchem Fensterbrett der Brief gelegen hat!", ruft Briefträgerengel Raphael. „Am liebsten würde ich Christian das Geschenk selbst bringen", sagt er leise.

Da hat Engel Jakob eine Idee! „Ich weiß was", verkündet er. „Wir rufen alle
Engel zusammen und schauen uns gemeinsam die Wunschzettel an. Und ab
jetzt darf jeder Engel, egal ob Handwerkerengel, Buchhalterengel, Bäckerengel
oder Puppenengel, das machen, wozu er Lust hat! Und wer was nicht kann, der
lässt es sich zeigen!" Einen Moment schauen alle verblüfft und dann rufen sie:
„Bravo! Gute Idee! So machen wir's!"

Dann geht es mit Volldampf an die Arbeit. Manche Puppenengel arbeiten jetzt in der großen Werkhalle und so mancher Handwerkerengel im Puppen- und Schmusetierraum. Und in der Himmelsbäckerei tritt man sich schon fast auf die Füße! So schnell ist im Himmel wohl noch nie gearbeitet worden, denn jetzt sind alle Engel mit großem Spaß dabei. Wenn jemand müde wird, trinkt er Rosenmet. Das sind von Libellen im Sommer gesammelte Rosentautropfen. Ab und zu nimmt ein Engel seine Harfe zur Hand und spielt eine kleine, feine Melodie. Und manchmal greift einer zu seiner Trompete und sie spielen zu zweit.

Als die Spielsachen fertig sind, kommen sie in Körbe, und von Wolke zu Wolke
hüpfend machen sich die Engel wieder auf den Weg hinunter zur Erde. Jetzt sind
sie alle auf einer großen rosa Wolke angekommen, an der die erste Himmelsleiter
lehnt. Sie könnten ja fliegen, die Engel, aber mit dem vielen Spielzeug in den
Körben? Die sind viel zu schwer.

So klettern sie jetzt die Himmelsleiter vorsichtig hinunter …

Und dann die nächste Himmelsleiter …

Und dann noch eine …

Und noch eine …

Moment! Was ist denn jetzt los? Die unterste Himmelsleiter reicht nicht bis zur
Erde! Engel Jeremi ruft nach oben: „Wir brauchen noch eine Leiter! Weitersagen!"

Aber von Leiter zu Leiter kommt die Botschaft nach unten: „Es ist keine mehr da!"

„Knotet alle eure Sternenmützen zusammen!", ruft Jakob.
„Dann bekommen wir ein Seil mit vielen Knoten und daran
können wir runterklettern."
Gute Idee! Das machen sie. Aber plötzlich spannt sich das
Mützenseil – und reißt! Die Engel flattern erschrocken hoch
und …

… zugleich saust ein Kuddelmuddel aus Sternenmützen und Geschenken nach unten – rums – direkt in den Schlitten vom Weihnachtsmann!

Der hat schon sehnlich auf die Engel gewartet. „Na, wird ja auch langsam Zeit!", ruft er. „Interessante Geschenke sehe ich diesmal: rosa Autos, verschiedenfarbige Kuscheltieraugen, ein Segelschiff: oho! Schaukeln mit Punkten drauf, runde Kaufläden – warum nicht?"

Die Engel schauen sich an und kichern.

„Jetzt aber marsch zurück in den Himmel!", ruft der Weihnachtsmann. „Allerdings … für einen von euch hätte ich im Schlitten gerade noch Platz."

Da tritt Engel Raphael vor. „Darf ich bitte, bitte mit?", fragt er leise.

„Na klar, steig schnell ein, Raphael!", lacht der Weihnachtsmann.

Da leuchtet das Gesicht des kleinen Engels so sehr, dass es um den Schlitten herum ganz hell wird.

Als Christian am Heiligabend
die Tür zum Wohnzimmer öffnet,
sieht er unter dem Weihnachtsbaum als Erstes ein großes buntes
Segelschiff mit einem echten
batteriebetriebenen Motor!
Plötzlich spürt Christian wieder
diese angenehme Wärme und
seine Augen bekommen einen
geheimnisvollen Glanz. Christian
schaut zum Fenster. Und da sieht
er – einen kleinen Engel mit einer
Sternenmütze auf dem Kopf.
Und der kleine Engel zwinkert
ihm lächelnd zu.